I0824601

El Toro Loco
LOS CAMIONES MONSTRUO
Renae Gilles y
Warren Rylands
EYEDISCOVER

Ve a **www.openlightbox.com** e ingresa el código único de este libro.

CÓDIGO DEL LIBRO

AVG98275

EYEDISCOVER te trae libros mejorados por multimedia que apoyan el aprendizaje activo.

Published by Lightbox Learning Inc.
276 5th Avenue, Suite 704 #917
New York, NY 10001
Website: www.openlightbox.com

Library of Congress Control Number: 2021950532

ISBN 978-1-7911-4389-3 (hardcover)

Printed in Guangzhou, China
1 2 3 4 5 6 7 8 9 0 25 24 23 22 21

122021
102521

English Editor: John Willis
Spanish Editor: Ana María Vidal
Designers: Mandy Christiansen
Spanish/English Translator: Translation Services USA

Lightbox Learning Inc. acknowledges Alamy and Getty Images as the primary image suppliers for this title.

EYEDISCOVER proporciona contenido enriquecido, optimizado para el uso en tabletas, que complementa este libro. Los libros de EYEDISCOVER se esfuerzan por crear un aprendizaje inspirado e involucrar a las mentes jóvenes en una experiencia de aprendizaje total.

Mira
El contenido de video da vida a cada página.

Navega
Las miniaturas simplifican la navegación.

Lee
Sigue el texto en la pantalla.

Escucha
Escucha cada página leída en voz alta.

Tu EYEDISCOVER con Seguimiento de Lectura Óptico cobra vida con...

Audio
Escucha todo el libro leído en voz alta.

Video
Los videos de alta resolución convierten cada hoja en un seguimiento de lectura óptico.

OPTIMIZADO PARA

- TABLETAS
- PIZARRAS ELECTRÓNICAS
- COMPUTADORES
- ¡Y MUCHO MÁS!

Este título es parte de nuestra suscripción digital de EyeDiscover

1-año de suscripción
ISBN 978-1-4896-8346-5

Accede a todos los títulos de EyeDiscover con nuestra suscripción digital.
Regístrate para una prueba GRATUITA en www.openlightbox.com/tri

LOS CAMIONES MONSTRUO

En este libro aprenderás

- cómo son
- dónde están
- qué hacen

¡y mucho más!

Un camión monstruo es un camión especial con ruedas gigantes.

L.A.SUPERTRUX Presents...
BIGFOOT
Firestone
6
Firestone
Firestone
BIGFOOT

Los primeros camiones monstruos se crearon en los Estados Unidos.

BIG BOSS

La gente quería probar la potencia de sus camiones. Pasaban sobre los techos de otros autos.

BORN to be WILD
Auto Body
Europas größte

Cada camión pesa casi lo mismo que un elefante.

DODGE

Las ruedas del camión monstruo son tan altas como una persona.

Todos los conductores deben usar traje antiflama, arnés de seguridad y casco.

RJS

MONSTER JAM
MONSTER MUTT

Muchos camiones tienen diseños especiales que demuestran su carácter.

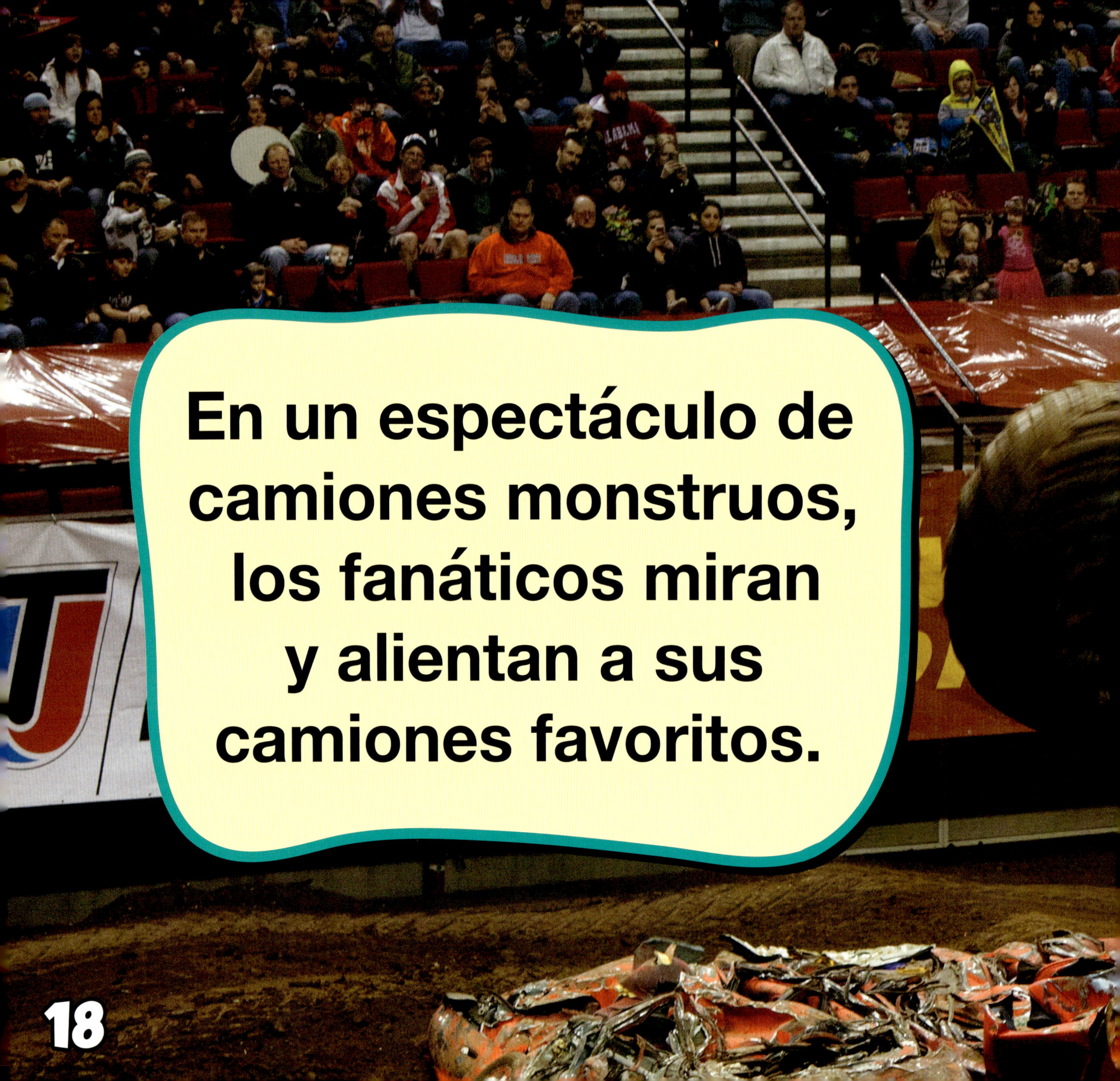

En un espectáculo de camiones monstruos, los fanáticos miran y alientan a sus camiones favoritos.

GRAVE DIGGER
Advance Auto

Los espectáculos son cada vez mejores y más grandes pero siempre se protege la seguridad de los conductores.

CORINTHIANS
El Toro Loco
BKT
MONSTER JAM

Los camiones monstruos cuestan **$250 000**.

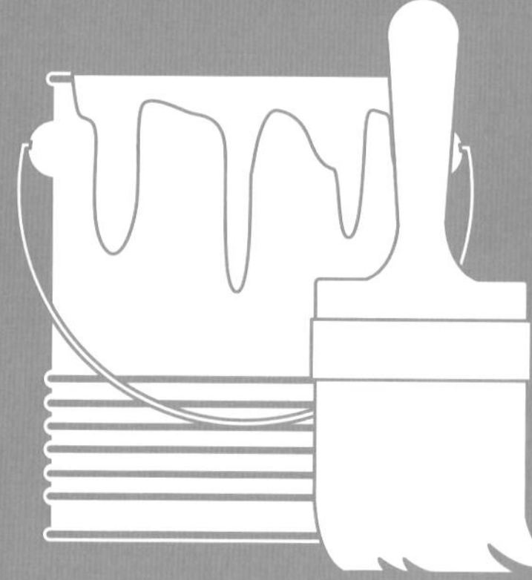

Los camiones monstruos pueden **saltar** a **35 pies** de altura (11 metros).

Se necesitan **40 horas** para **pintar** un camión monstruo profesional.

Los camiones monstruos pueden ir a hasta **100 millas por hora.**

(161 kilómetros por hora)

Los camiones monstruos profesionales aplastan más de **3000 autos** por año.

Un camión monstruo puede **saltar** por encima de más de **14 autos.**

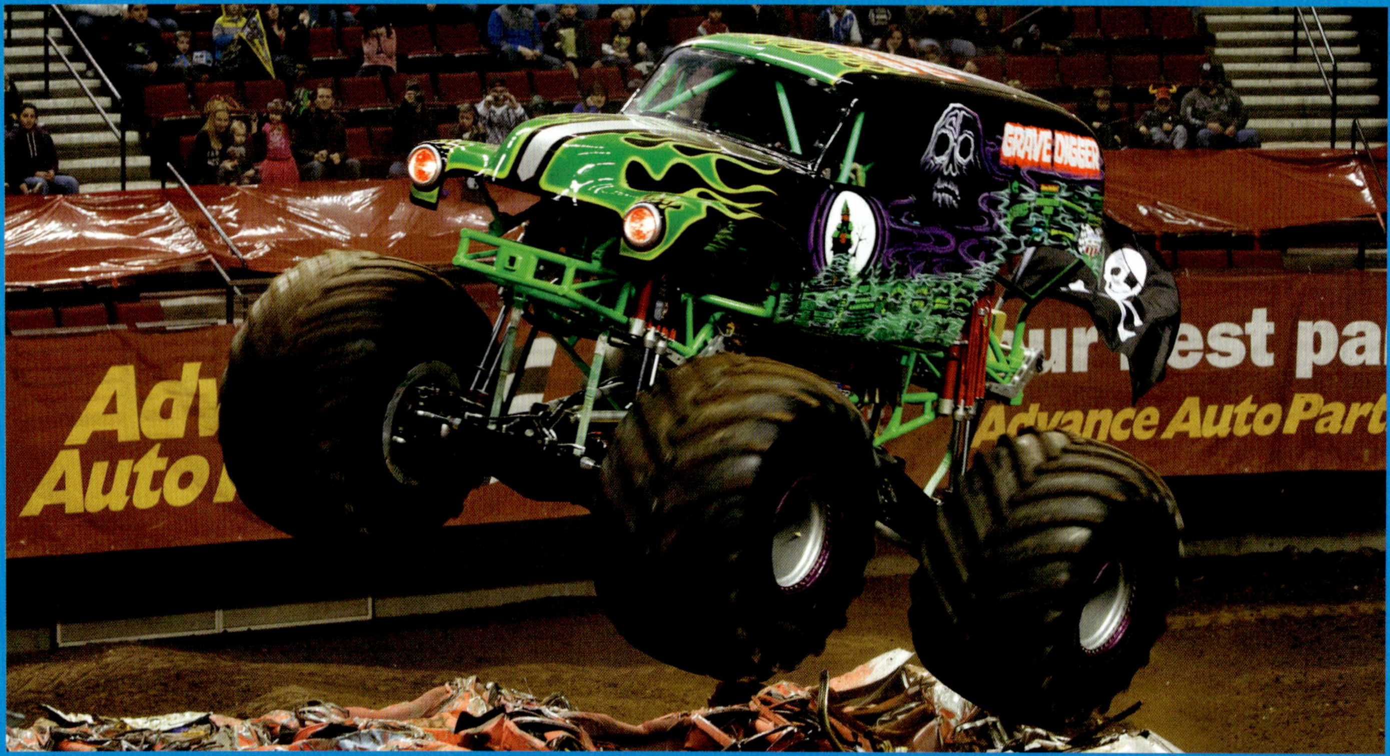

Mira
El contenido de video da vida a cada página.

Navega
Las miniaturas simplifican la navegación.

Lee
Sigue el texto en la pantalla.

Escucha
Escucha cada página leída en voz alta.

Ve a www.openlightbox.com e ingresa el código único de este libro.

CÓDIGO DEL LIBRO

AVG98275